GAELIC IS FUN!

D0515173

Foillsichte sa Chuimrigh 1971,
Deilbhte agus dèanta le Y Lolfa,
Talybont, Dyfed, Cymru.

First published in Wales 1971
Designed and published by Y Lolfa,
Talybont, Dyfed, Wales.

Air fhoillseachadh an Alba le Acair
7 Sràid Sheumais, Steòrnabhagh, Leòdhas 1989

© Acair 1991

Na còraichean uile glèidhte. Chan fhaodar pàirt sam bith den leabhar seo ath-riochdachadh an cruth sam bith no air dòigh sam bith gun chead ro-làimh bho Acair.

Published in Scotland by Acair Ltd, 7 James Street, Stornoway, Isle of Lewis.
All rights reserved. No part of this book may be reproduced by any means without the prior consent of the publishers.

Chuidich Comhairle nan Leabhraichean am foillsichear le cosgaisean na h-iris seo

GAELIC IS FUN!

A NEW COURSE IN GAELIC FOR THE BEGINNER

Gaelic Version: Colm Ó Baoill

Based on the original *Welsh is Fun* by Heini Gruffudd, MA and Elwyn Ioan

Colm Ó Baoill acknowledges with gratitude the help of students and staff in Aberdeen University's Celtic Department, especially Seumas Grannd and Donald MacAulay.

The Publishers are grateful for financial assistance received from The Highlands and Islands Development Board, also for support received from BBC Telebhisean na Gàidhlig and Radio nan Gaidheal, Comann na Gàidhlig and Grampian Television.

Read this first!

1. You want to learn Gaelic? This book will give you an enjoyable start. We hope that you'll be hooked by the time you finish it.

2. Don't give up. If you can speak English you can learn Gaelic. All it needs is time and determination.

3. A little at a time is the best way to learn.

4. Use your Gaelic whenever you can—most Gaelic speakers will be on your side. If you can't understand them say:

Can a-rithist e.
(kan a *ree*-eestch ay)
Say it again.

You can add:
Tha mi ag ionnsachadh (Gàidhlig).
(ha mee a *gewn*-sacha (*gahl*-ig))
I am learning (Gaelic).

5. There are two types of people who will criticise this book to you on linguistic/dialect/pedagogic/methodological/lexical/grammatical/moral/aesthetic grounds.

The first type will offer to teach you better. Accept. They probably will.

The second type are begrudgers, pedants, no-hopers, dead-heads—maybe anti-Scots! Who needs them?

6. If they complain that it is an act of political extremism to learn Gaelic, agree. They're right.

7. When you've finished with this book there are plenty of other courses in Gaelic. Some of them, like Gàidhlig Bheò and Can Seo, are accompanied by tapes or cassettes.

8. It is very difficult to learn to use a language actively without lots of practice. Classes are a great help. Even better is a friend who's prepared to speak Gaelic to you while you learn. If you find one of these, stick to her/him like wallpaper.

9. We have ignored dialect differences in this book as far as possible. The dialects have different ways of saying some things. "How are you?" is "Ciamar a tha thu?" in Skye and "Dè man a tha thu?" in Lewis. Pronunciation can also vary. The best advice to the learner is to pick one dialect and learn it first.

Contents

page

7 Spelling & pronunciation
11 The Lessons
63 Grammar
77 Gaelic-English Vocabulary
85 English-Gaelic Vocabulary

Spelling & pronunciation

Gaelic is more or less phonetically spelt, but the actual spelling system is quite complex. This is because 18 letters have to be manipulated to cover 60-odd sounds. (There is no **j, k, q, v, w, x, y, z.**)

Many sounds in Gaelic do not exist in English. A native speaker of Gaelic, in the flesh or on tape, is the best guide and this book can only be a poor substitute. But if you follow it closely you'll probably sound as good as any other beginner.

VOWELS AND CONSONANTS

Consonants may be pronounced in different ways depending on the vowels occurring beside them.

BROAD VOWELS: A, O, U.
SLENDER VOWELS: I, E.

A consonant occurring beside a broad vowel is called a broad consonant, and one beside a slender vowel is a slender consonant. The rule is "Slender to slender and broad to broad", which means that a consonant preceded by a slender vowel cannot be followed by a broad one (and *vice*, of course, *versa*).

A slender consonant is most often pronounced as if it were followed by a y-sound (like the 'c' in 'cure').

c	:	always a k-sound, never an s-sound.
d broad	:	thicker than the English 'd'. Try putting the tip of the tongue behind the lower teeth.
d slender	:	j-sound (as in 'duke').
ll slender, and **l**- slender at the beginning of a word	:	'ly' sound, like 'l' in 'value'.
nn slender, and **n**- slender at the beginning of a word	:	'ny' sound, like 'n' in 'new'.
r slender	:	impossible to describe. Like a cross between an 'r' and a 'y'.
s slender	:	like English 'sh'.
t broad	:	thicker than the English 't'. Put tip of tongue behind lower teeth.
t slender	:	'tch' sound (as in 'tune').

LENITED CONSONANTS

(Consonants followed by 'h'. The sound is changed. For further explanation see page 67.)

bh, **mh**		:	like 'v'
ch		:	as in 'loch'
dh, **gh**	broad	:	Not in English. A voiced sound at the back of the throat.
dh, **gh**	slender	:	like 'y'
fh		:	no sound
sh		:	like 'h'
th		:	like 'h'; but between two vowels it sometimes has no sound.

ACCENT

Accent is almost always on the first syllable of a word. In phrases and sentences in this book we have printed the main stressed syllables in italics.

LENGTH

A mark like the French grave accent (`) over a vowel makes the vowel long.

SOME VOWELS

ea	is usually pronounced like a short 'eh'
ò	is usually pronounced like 'aw'
ao	is pronounced a bit like a long 'u' with the mouth half open (or imitate the posh English 'ur' in 'curve')
eu	represents a long è-sound, like 'ey'

NA LEASAIN

The Lessons

NOW BEGIN!

Leasan a h-Aon
(Lesson 1)

BEANNACHDAN
(Greetings)

1

Latha math.
(la-a mah)
Good day.
Fàilte.
(faal-tche)
Welcome.

2

Latha math dhut fhèin.
(la-a *mah* ghoot *heyn)*
Good day to you (reply).

3

Ciamar a tha thu?
(kim-ar-a ha oo)
How are you?

4

Tha gu math, tapadh leat.
(ha gu *mah,* tap-a let)
Very well, thank you.

5
Chan eil dona, tapadh leat.
(Cha *nyel donna,* tapa let)
Not bad, thank you.

6
Thalla, a bhalgair.
(*hal*-à a *val*-a-ger)
Get away, you beast.

7
Thig a-staigh.
(*hig* a *stye*)
Come in.

8
Slàn leat.
(*slàn* let)
Good-bye.
doras

Ciamar—how
math—good
gu math—well
dona—bad
thig—come
thalla—get away
slàn leat—good-bye
a-staigh—in
a-mach—out
latha math—good day
tapadh leat—thank you

CLEACHDADH (klech-gagh)

(Read these words and sentences aloud, and then translate them into English.)

Fàilte .....
Thig a-staigh .....
Ciamar a tha thu? .....
Chan eil dona .....
Latha math .....
Thalla .....
Thig a-mach .....
Thalla a-mach .....
Slàn leat .....

Leasan a Dhà
(Lesson 2)

AN AIMSIR
(The Weather)

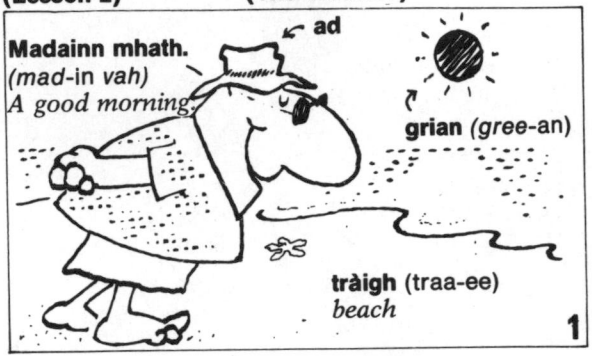

Tha e eagalach fuar.
(ha ay eg-ul-ach foo-ar)
It is terribly cold.
lèine
shirt
am muir (am murh)
the sea
5

Tha e gu math teth.
(ha ay gu mah tcheh)
It's fine and hot.
gainmheach
(gana-vach)
sand
6

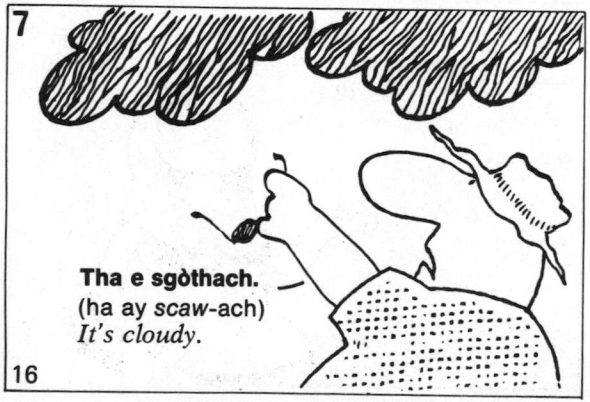
7
Tha e sgòthach.
(ha ay scaw-ach)
It's cloudy.

8
Oidhche mhath a-nise.
(eech-ye vah a nish-e)
Good night now.

Tha e—he/it is
teth—hot
fuar—cold
gu math teth—fine and hot
eagalach—terrible
an aimsir (an *ama*-shir)—the weather
oidhche—night
oidhche mhath—good night
an-dràsda—just now
a-nise—now

CLEACHDADH

Tha e gu math teth .....
Tha e teth .....
Oidhche mhath .....
Tha e fuar a-nise .....
Tha e fuar .....
Tha am muir gu math teth .....
Ciamar a tha thu? .....
Tha an t-uisge ann .....

Leasan a Trì
(Lesson 3)

SAN TAIGH-SHEINNSE
(In the Pub)

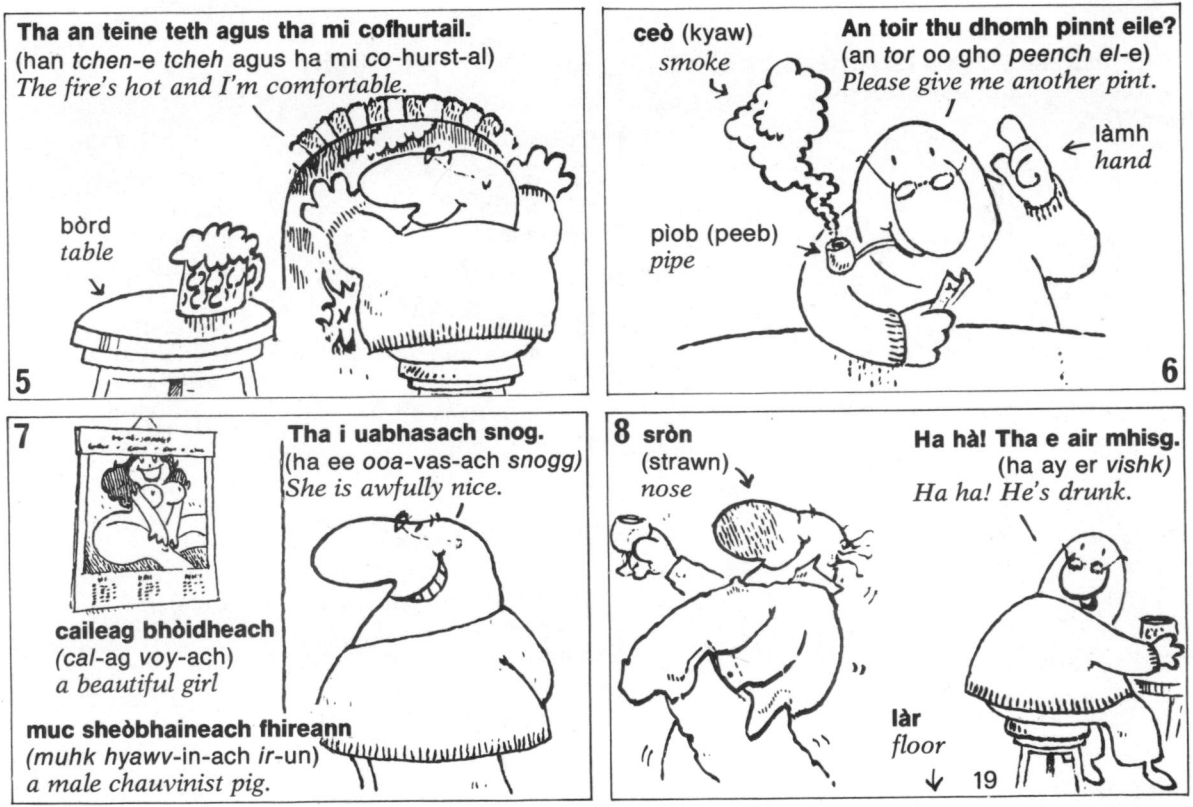
Tha an teine teth agus tha mi cofhurtail.
(han tchen-e tcheh agus ha mi co-hurst-al)
The fire's hot and I'm comfortable.
bòrd
table
5
ceò (kyaw)
smoke
An toir thu dhomh pinnt eile?
(an tor oo gho peench el-e)
Please give me another pint.
làmh
hand
pìob (peeb)
pipe
6
7
caileag bhòidheach
(cal-ag voy-ach)
a beautiful girl
Tha i uabhasach snog.
(ha ee ooa-vas-ach snogg)
She is awfully nice.
muc sheòbhaineach fhireann
(muhk hyawv-in-ach ir-un)
a male chauvinist pig.
8
sròn
(strawn)
nose
Ha hà! Tha e air mhisg.
(ha ay er vishk)
Ha ha! He's drunk.
làr
floor

san taigh-sheinnse (san tie *heyn*-sheh) —in the pub
teine—fire
tha mi—I am
tha i—she is
cofhurtail—comfortable
eile—(an)other *(comes after the noun)*
agus—and
an toir thu dhomh?—will you give me?
mas e do thoil e—please
glè—very
leann—beer
pinnt—a pint
not—a pound *(money)*
ag òl—drinking
air mhisg—drunk
mòran—a lot
saor—cheap
daor—dear

NOTE:

caileag—girl
a' **c*h*aileag**—the girl
(**caileag** is feminine)

AIREAMHAN/NUMBERS

Counting *numbers*		Counting *things*
1	**a h-aon**	**aon phinnt**
2	**a dhà**	**dà phinnt**
3	**a trì**	**trì pinnt**
4	**a ceithir**	**ceithir pinnt**
5	**a còig**	**còig pinnt**
6	**a sia**	**sia pinnt**
7	**a seachd**	**seachd pinnt**
8	**a h-ochd**	**ochd pinnt**
9	**a naoi**	**naoi pinnt**
10	**a deich**	**deich pinnt**

CLEACHDADH

Tha i cofhurtail.....
Tha mi ag òl.....
Tha e air mhisg a-nise.....
Tha an leann math.....
Pinnt eile.....
Caileag eile.....

Leasan a Ceithir **AN CAR**
(Lesson 4) **(The Car)**

1 An toir thu dhomh fiach ceithir not de pheatroil?
(an *tor* oo gho *fee*-ach *keh*-ir *not* de *fet*-rol)

cuibhle
(quee-le)
wheel

Please give me four pounds worth of petrol.

Tha am peatroil a-staigh. Ceithir not, mas e do thoil e.
The petrol is in. Four pounds please.

2

Seo dhut. Còig not.
Here you are, five pounds.

Seo dhut an iomlaid. Not.
3 *Here's the change. A pound.*

An toir thu dhomh uisge cuideachd? 4
Please give me water too.

5
Seo an t-uisge. Ceart gu leòr?
Here's the water. O.K.?

6
Tha a' chaileag seo a' dol do Dhùn-Dè.
This girl's going to Dundee.
caileag bhòidheach
beautiful girl

7
Tha mi a' dol do Pheairt.
I'm going to Perth.
màileid
suitcase

8
Tha poileas a' tighinn don chàr.
A policeman is coming to the car.
30
càr brèagha
a fine car

galan—gallon
seo dhut—here's/here you are *(handing something to somebody)*
seo. . . —here is. . . *(showing something)*
seo an càr—here is the car
an toir thu dhomh?—will you give me?
a' chaileag seo—this girl
brèagha—fine
uisge—water
a' dol—going
a' tighinn—coming
do—to
don—to the
cuideachd (kooj-achk)—too/also
fiach—worth/value
peatroil—petrol
a-staigh—in(side)
iomlaid—change *(money)*

There's no word for "a" in Gaelic.
caileag—girl/a girl

Sometimes you'll see "h" after the first letter of a word, e.g. **dà g*h*alan, glè m*h*ath.** This is called LENITION, and it changes the sound of the letter. For example, "ph" is pronounced like "f", "th" is pronounced like "h". (See page 67 for a fuller explanation and page 8 for pronunciation.)

CLEACHDADH

Tha e a' dol don chàr .....
Aon chàr, dà chàr .....
Dà phinnt, trì pinnt .....
An càr seo .....
Seo am poilèas .....
Seo a' chaileag .....
Seo dhut .....
An toir thu dhomh uisge? .....

Leasan a Còig
(Lesson 5)

SAN TAIGH-OSDA
(In the Hotel)

5
Bu toigh leotha leabaidh agus bracaist.
They would like bed and breakfast.

6
Sin còig not air fhichead an duine.
That's twenty-five pounds each.
manaidsear

7
Am bu toigh leibh leabaidh aon neach?
Would you like a single bed?

8
cùrtairean
Tha iad san leabaidh a-nise.
They are in bed now.
plaide
(blanket)

Tha sinn—we are
tha sibh—you (pl) are
tha iad—they are
chan eil sinn—we are not

bu toigh leam—I would like
bu toigh leat—you would like
bu toigh leis—he would like
bu toigh leatha—she would like
bu toigh leinn—we would like
bu toigh leibh—you (pl) would like
bu toigh leotha—they would like
am bu toigh leat. . .?—would you like. . .?
am bu toigh leibh. . .?—would you (pl) like. . .?

ANSWER
Yes—**Bu toigh l'**
No—**Cha bu toigh l'**

taigh-òsda—hotel
o—from
fadalach—late
tràth—early
aon neach—one person
fuireach—to stay
a-nochd—tonight
leabaidh—bed
bracaist—breakfast
an seo—here
duine—a person
not an duine—a pound each

CLEACHDADH

Am bu toigh leat bracaist? .....
Am bu toigh leat pinnt? .....
Am bu toigh leat fuireach an seo? .....
Bu toigh leam pinnt .....
Bu toigh leam leabaidh aon neach.....
Bu toigh leam fuireach, mas e do thoil e ...
.....
Tha mi fadalach.....
Tha iad tràth .....

Leasan a Sia
(Lesson 6)

SA' BHUS
(In the Bus)

À bheil am bus a' tighinn?
Is the bus coming?

Chan eil. Tha am bus fadalach.
No. The bus is late.

cabhsair

deise

1

2

rathad

A bheil e a' tighinn a-nise?
Is it coming now?

Tha, mu dheireadh thall.
Yes, at long last.

A bheil thu a' dol don tràigh?
Are you going to the beach?

Chan eil. Tha mi a' dol don bhaile-mhòr.
No. I'm going to the town.

3

Ticeard don tràigh agus ticeard don bhaile-mhòr.
A ticket to the beach and a ticket to the town.

Tapadh leat.
Thanks.

4

5
Ticeard dhut fhèin agus do do charaid?
A ticket for youself and for your friend?
Seadh, dà thiceard.
Yes, two tickets.

6
Dè na tha iad?
How much are they?
Not agus leth-cheud sgillinn.
£1.50

Co às a tha thu?
Where are you from?
7
Inbhir Nis. Co às a tha thu fhèin?
Inverness. Where are you from yourself?
Glaschu.
Glasgow.

A bheil mi air a' bhus cheart?
Am I on the right bus?
Tha.
Yes.
8

Seadh **can mean "yes" in a small number of cases, but generally to say** YES **or** NO **you repeat the verb of the question. In this case "Tha" (Yes) and "Chan eil" (No).**

a bheil mi?—am I?
a bheil thu?—are you?
a bheil e?—is he?
a bheil i?—is she?
a bheil sinn?—are we?
a bheil sibh?—are you (pl)?
a bheil iad?—are they?

mu dheireadh thall—at long last
don—to the
ticeard—ticket
caraid—friend
leth-cheud—fifty
no—or
sgillinn—penny
co às a tha thu?—where are you from?
air—on
ceart—right/correct
ceart gu leòr—alright/O.K.

CLEACHDADH

Dè na tha e? .....
Tha am bus a' tighinn .....
Co às a tha thu? .....
Tha e air a' bhus cheart .....

Answer 'Yes' and 'No':

A bheil mi fadalach? .....
A bheil sibh tràth? .....
A bheil thu san leabaidh? .....
A bheil e an seo? .....
A bheil e a' tighinn? .....

SA' BHUTH
(In the Shop)

Bu toigh leam...
I would like...

Thoir dhomh...
Give me...

càise
pùnnd ìm
pinnt bainne
dà phùnnd siùcar
beagan ùbhlan
poca buntàta
currain
lof arain
bocsa uighean
canastair brot
canastair bradan...

... mas e do thoil e
(please)

Bainne
(milk)
50p am pùnnd
ùbhlan
(apples)
siùcar
(sugar)
peasair
(peas)
currain
(carrots)
aran
(bread)
20 sgillinn am fear
oraindsearan
uighean
(eggs)
Hoigh, a charaid, a bheil toitein agad?
Hey man, have you cigarettes?
16p am pùnnd
buntàta
(potatoes)
Not is naoi sgillinn air fhichead am bocsa. Rud sam bith eile?
£1.29 per packet. Anything else?
Sìth
(Peace)
brot
(soup)
bròg an
(shoes)
stocainnean (socks)
20
20
20

Thoir dhomh—give me
pùnnd—a pound (weight)
poca—a bag
lof arain—a loaf of bread
bocsa—a box
canastair—a tin
beagan—a few
beagan ùbhlan—a few apples

Numbers 3-10 *also take the plural:*

còig ùbhlan—five apples

dà ugh—two eggs

. . . am fear— . . .each/apiece
boireannach—woman
am boireannach—the woman
("boireannach" *is masculine!)*
caraid—friend
sam bith—any
rud sam bith—anything
fichead—twenty
trì air fhichead—twenty-three
ceithir fichead—eighty

CLEACHDADH

Thoir dhomh lof arain.....
Thoir dhomh dà phùnnd buntàta.....
.....
Thoir dhomh bocsa toitein .....
Thoir dhomh siùcar .....
Mas e do thoil e .....
A bheil ùbhlan agad? .....
(see page 44)
A bheil bainne agad? .....
A bheil còta agad? .....
Rud sam bith eile?.....
An toir thu dhomh beagan ùbhlan? .....
.....

FREAGAIR/ANSWER

A bheil oraindsearan agad? .....
A bheil toitean *(singular)* **agad?**.....
.....
Am bu toigh leat toitean?.....
(see page 26)
Am bu toigh leat bainne? .....

Leasan a h-Ochd **SA' BHAILE-MHOR**
(Lesson 8) **(In the Town)**

PLAZA
Bùth leabhar
Bookshop
Bùidsear
Butcher
Leabhar-lann
Library
5/6
Tha an taigh-dhealbh air cùl nam bùithtean. Tha an leabhar-lann air do làimh chlì, agus Oifis a' Phuist air do làimh dheis.
The cinema is behind the shops. The library is on your left hand side and the Post Office is on your right.

An t-Uilebheist o'n Iarmailt A-muigh
4.00 agus 7.00
The monster from Outer Space
Dè an uair a thòisicheas e?
What time does it start?
Aig seachd uairean.
At 7 o'clock.
7

8
Dè na tha ticeard?
How much is a ticket?
Dà not am fear.
£2 each.
Taigh-beag
(toilet)
Thoir dhomh dà thiceard.
Give me two tickets.

dè na tha. . .?—how much is. . .?
dè an uair?—what time?
dè an uair a tha e?—what time is it?
càite bheil. . .?—where is. . .?
cupan tì—a cup of tea
uairean—hours
tha e aon uair deug—it's 11 o'clock
tha e dà uair dheug—it's 12 o'clock
gabh mo leisgeul—excuse me
taigh-beag—toilet
Oifis a' Phuist—the Post Office
eaglais—church
leabhar-lann—library
chan eil fhios agam—I don't know
timcheall an oisein—round the corner
bu toigh leam-sa—*I* would like *(emphatic form)*
an taigh-dhealbh—the cinema

CLEACHDADH

Tha sinn a' coiseachd a-nochd .....
Chan eil fhios agam .....
Gabh mo leisgeul .....
Dè an uair a tha e? .....

Tha e. . .
- **ochd uairean** *(see page 65)*
- **naoi uairean**
- **dà uair**
- **còig uairean**

Dè na tha. . .
- **lof arain?** .....
- **poca buntàta?** .....
- **pinnt bainne?** .....

Càite bheil. . .
- **Oifis a' Phuist?**
- **an leabhar-lann?**
- **an taigh-beag?**

Leasan a Naoi **OBAIR**
(Lesson 9) **(Work)**

5
Dè tha sin?
What's that?
Sin am factoraidh.
That's the factory.

6
A bheil am factoraidh a' dùnadh?
Is the factory closing?
Chan eil e a' dùnadh fhathast.
It's not closing yet.

7
Tha thu fortanach.
You're lucky.
Tha, gu dearbh.
Yes indeed.

8
Tha an cù a' dol dhachaigh a-nise.
The dog's going home now.
Tha mise a' dol dhachaigh cuideachd.
Slàn leat.
I'm going home too. Goodbye.

ag obair—working
a' faighinn—getting
seachdain—week
san t-seachdain—per week
daoine—people
duine—person
factoraidh—factory
san/sa'—in the
ceud—100
trì fichead—60
dhachaigh—homewards
dè tha sin?—what's that?
a' dùnadh—closing
fhathast—yet
tha thu fortanach—you're lucky
gu dearbh—indeed
cù—dog
tha mise—*I* am *(emphatic form of* Tha mi)
slàn leat—goodbye

CLEACHDADH

Tha e ag obair .....
Tha e a' dùnadh .....
Tha mi a' faighinn ceud not .....
Tha mise ag obair .....
Dè tha sin? .....
Sin an cù .....
Tha e a' dol dhachaigh .....
Càite bheil thu ag obair? .....
.....
Càite bheil thu a' dol? .....
.....

Leasan a Deich **SAN TAIGH-BIDH**
(Lesson 10) **(In the Restaurant)**

5
Cha toigh leam aran agus ìm, agus cha toigh leam cèic, agus. . .
I don't like bread and butter, and I don't like cake, and. . .
sgian agus forc
cupan

6
1. siùcar
2. bobhla
3. spàin
4. piobar
5. salann
6. siuga
Cha toigh leis brot agus cha toigh leatha tost agus. . .
He doesn't like soup and she doesn't like toast and. . .
1
2
3
4
5
6

7
Nach toigh leat càil?
Do you not like anything?
CAIRT BIDH (Menu)
Cha toigh l'. Chan eil sinn ag ithe an seo.
No! We're not eating here.

Tha sinn a' falbh. Tha sinn a' dol don taigh-òsda.
We're going. We're going to the hotel.
8

is toigh leam—I like
is toigh leat—you like
is toigh leis—he/it likes
cha toigh leam—I don't like
cha toigh leinn—we don't like
an toigh leat?—do you like?
an toigh leibh?—do you (pl) like?
nach toigh leat?—do you not like?
nach toigh leotha?—do they not like?

YES—Is toigh l'
NO—Cha toigh l'

bu **toigh leam**—I *would* like
(see page 26)

diathad—dinner
amadan—fool
cofaidh—coffee
feasgar—(in the) afternoon
taigh-bìdh—restaurant
deiseil—ready
fhathast—yet/still
a-rithist—again
cèic—cake
tost—toast
ag ithe—eating
a' falbh—going (away)
càil—anything/nothing

CLEACHDADH

Am bu toigh leat tì? .....
Nach toigh leat tì? .....
Bu toigh leam tì .....
Is toigh leam tì .....
Tha mi deiseil a-nise .....
Chan eil mi deiseil fhathast .....
Cha toigh leis càil .....
Tha mi a' falbh .....
Tha mi ag ithe a-nise .....

Leasan a h-Aon Deug
(Lesson 11)
AN CORP AGUS AODACH
(The Body and Clothing)
àireamh a trì
(No.3)
3
cluas
(ear)
falt
(hair)
sùil
ceann
(head)
sròn
gàirdean
(arm)
fiaclan
(teeth)
beul
(mouth)
sgòrnan
(throat)
brù
(belly)
làmh
(hand)
drathars
(underpants)
cas
(leg)
cas
(foot)
blabhs
(blouse)
brà
broilleach
(breast)
sgiort
(skirt)
bòtainn
(boot)
bròg
(shoe)
stocainn
seacaid
briogais
(trousers)
deise
(suit)
taidhe
(tie)
speuclairean
lèine
(shirt)
pòcaid
còta mòr
(overcoat)
feusag
froca
(dress)
còta-bàn
(petticoat)

Tha làmh agam.
I've got a hand.

Tha briogais aige.
He has trousers.

Chan eil casan againn.
We have no legs.

Tha cas aice.
She has a leg.

Chan eil sgiort aice agus chan eil lèine aige.
She hasn't got a skirt and he hasn't got a shirt.

Tha pìob mhòr agam.
I've got a big pipe.

taigh-seinnse

misgear
(drunkard)

Chan eil ciall sam bith agad.
You have no sense.

tha aodach agam—I have clothes
tha aodach agad—you have clothes
tha aodach aige—he has clothes
tha aodach aice—she has clothes
tha aodach againn—we have clothes
tha aodach agaibh—you (pl) have clothes
tha aodach aca—they have clothes
chan eil briogais agam—I don't have trousers

a bheil còta agad?—have you a coat?
YES—**Tha**
NO—**Chan eil**

There is no verb "to have" *in Gaelic.*
We use the construction **Tha. . . aig:**
tha peann aig Iain—Iain has a pen
(literally "there is a pen at Iain")

CLEACHDADH

Tha falt agam .....
Chan eil còta mòr agam .....
A bheil lèine agad? .....
A bheil ciall agad? .....
Tha ceann mòr aige .....
Tha pìob aige .....
A bheil deise aige? .....
Chan eil fiaclan againn .....

Leasan a Dhà Dheug **OIFIS A' PHUIST**
(Lesson 12) **(The Post Office)**

Teilefon
A bheil na stampaichean seo ceart?
Are these stamps correct?
Tha.
5

6
Tha na stampaichean mòra sin àlainn.
Those big stamps are gorgeous.

Dè tha ceàrr?
What's wrong?
7
poca
(bag)
Chan eil stampa air an litir seo!
There's no stamp on this letter!

An ath dhuine.
Next.
Mise.
Me.
Mise
Me.
8

fichead—20
deich air fhichead—30
dà fhichead—40
leth-cheud—50
trì fichead—60
trì fichead 's a deich—70
ceithir fichead—80
ceithir fichead 's a deich—90
ceud—100

These numbers take the singular and don't affect the noun:

dà fhichead pinnt—40 pints

leabhar—book
stampa—stamp
ann an—in
ann an àm—in time
air son—for
ceart—right/correct
àlainn—gorgeous
ath—next
dè tha ceàrr?—what's wrong?
an ath dhuine—next (person)
mise—me *(emphatic form)*
litir—letter
an stampa seo—this stamp
an stampa sin—that stamp
na stampaichean seo—these stamps
na stampaichean sin—those stamps

Adjectives of one syllable are plural if the noun is plural: just add -a:

stampa mòr—a big stamp
stampaichean mòra—big stamps

duine beag—a little man
daoine beaga—little men

CLEACHDADH

Dè na tha stampa? .....
.....
Dè na tha an leabhar seo? .....
.....
Thoir dhomh an litir sin .....
.....
A bheil leabhar stampaichean agad? .....
.....
A bheil mi ann an àm? .....
A bheil sin ceart? .....
Dè tha ceàrr? .....

Leasan a Trì Deug
(Lesson 13)

AIG A' CHEILIDH
(At the Cèilidh)

5 Chan urrainn dhomh dannsa tuilleadh.
I can't dance any more.
Nach gabh sinn deoch, ma tha.
Let's have a drink, then.

BAR
O, gabh mo leisgeul, a bheil thu ceart gu leòr?
Oh, excuse me—are you alright?
6

Is fheàrr leotha bhith a' dannsa.
They prefer (to be) dancing.
7
Cha bhi iad toilichte, ach is coma.
They won't be pleased, but it doesn't matter.

8
An gabh thu deoch eile?
Will you take another drink?
Gabhaidh gu dearbh.
Yes indeed.

seall—look
àite—place
làn—full
deoch—a drink
daor—dear
gu luath—quickly
dannsa—dance/dancing
pòg—a kiss
pògadh—to kiss
tuilleadh—more/any more
ceart gu leòr—alright/O.K.
toilichte—pleased/satisfied
is coma—it doesn't matter
tha mi coma—I don't care
gabhaidh mi pinnt—I'll take a pint
tha pinnt agam—I have a pint
(see page 44)

bidh—will be *(future of* **tha)**
bidh mi/thu/e/i/sinn/sibh/iad

cha bhi mi—I won't be
am bi thu?—Will you be?

YES—**bithidh**
NO—**cha bhi**

is urrainn dhomh—I can
is urrainn dhut—you can
is urrainn dha—he can
is urrainn dhi—she can
is urrainn dhuinn—we can
is urrainn dhuibh—you (pl) can
is urrainn dhaibh—they can

chan urrainn dhomh—I cannot
an urrainn dhut. . .?—can you. . .?

YES—**is urrainn**
NO—**chan urrainn**

CLEACHDADH

Tha mi a' dol a-staigh.....
An gabh thu deoch? Gabhaidh .....
.....
Tha an t-àite seo glè dhaor .....
.....
Chan urrainn dhomh dannsa .....
Cha bhi i toilichte .....
A bheil an deoch math? .....
Am bi thu aig a' chèilidh a-nochd?
Bithidh .....

Leasan a Ceithir Deug (Lesson 14) **AIG A' PHARTAIDH (At the Party)**

làmpa
teilebhisean
Dh'òl e cus.
He drank too much.
sgeilp
(shelf)
leabhar
Dh'òl iad uile cus.
They all drank too much.
5

6 Tha gaol agam ort.
I love you.
Can sin a-rithist sa' mhadainn.
Say that again in the morning.

Cha do chrìochnaich mi an deoch.
I didn't finish the drink.
naomh
(saint)
Ach thuit thu a-mach air an uinneag.
But you fell out of the window.
7

Tha Gàidhlig mhath agad.
You have good Gaelic.
a' ghealach
8
O, nach ist thu!
Oh, be quiet!

THE PAST TENSE

To form the Past Tense simply LENITE *the basic form of the verb (if it begins with a vowel or* f-, *prefix* dh').
Negative is "cha do". *Question is* "an do":

tòisich—start
tuit—fall
crìochnaich—finish
òl—drink
ith—eat
falbh—go away

thòisich mi—I started
thuit mi—I fell
chrìochnaich mi—I finished
dh'òl mi—I drank
dh'ith mi—I ate
dh'fhalbh mi—I went away

cha do chrìochnaich mi—I didn't finish
cha do dh'òl mi—I didn't drink
an do thuit thu?—did you fall?
an do dh'fhalbh e?—did it go away?

gaol—love
sa' mhadainn—in the morning
a-rithist—again
gu leòr—enough
an uinneag—the window
pàrtaidh—party
cus—too much
uile—all
a h-uile duine—everybody
tràth—early

CLEACHDADH

An do thòisich sibh fhathast? .....
.....
Thòisich am pàrtaidh sa' mhadainn.....
.....
Cha do dh'ith mi càil.....
Dh'òl mi gu leòr.....
Dh'ith mi cus.....
Tha gaol agam ort.....
Can sin a-rithist, mas e do thoil e .....
.....
Chan eil Gàidhlig mhath agam .....
An do chrìochnaich thu fhathast?.....
.....

Leasan a Còig Deug
(Lesson 15)

AIR AN TRAIGH
(On the Beach)

5 Bidh Dòmhnall a' tuiteam san uisge.
Dòmhnall falls in the water.
Bidh Sìne a' gal.
Sìne cries.

Bidh Dòmhnall a' briseadh cas.
Dòmhnall breaks a leg.
Bidh Sìne a' gal.
Sìne cries.
6

Bidh an t-uisge an còmhnaidh ann.
It's always raining.
7
Bidh Sìne an còmhnaidh a' gal.
Sìne is always crying.

Bidh sinn a' dol dhachaigh mu dheireadh thall.
We go home at long last.
Taing do Shealbh.
Thank God.
8

THE PRESENT TENSE

To say "I begin", "I go" *etc., use the verbal noun (the noun form of the verb, like the* -ing *form in English) with* a' *before it (*ag *if it begins with a vowel). Use the* FUTURE *form of the verb* "to be" *(see page 50) with it:*

Gabh—take
a' gabhail—taking
bidh mi a' gabhail—I take

tog—lift
a' togail—lifting
bidh mi a' togail—I lift

tòisich—start
a' tòiseachadh—starting
bidh mi a' tòiseachadh—I start

cuir—put
a' cur—putting
bidh mi a' cur—I put

òl—drink
ag òl—drinking
bidh mi ag òl—I drink

falbh—go away
a' falbh—going away
bidh mi a' falbh—I go away

am bi thu a' falbh (togail, tòiseachadh *etc.*)**?**
YES—**bithidh**
NO—**cha bhi**

don tràigh—to the beach
bliadhna—year
mar seo—like this
an còmhnaidh—always
tha e—he is
bidh e—he will be/he is (habitually)
cus—too much
càil—anything/nothing
sabaid—fighting/fight
a' gal—crying
uisge—rain/water
a' dèanamh—doing

Leasan a Sia Deug
(Lesson 16)

AIR AN DUTHAICH
(In the Country)

Thèid mise a-nise.
I'll go now.
Fuirich mionaid, thig mise còmhla riut.
Wait a minute, I'll come with you.
sràid
5

An tig ise còmhla ruinn?
Will she come with us?
parcadh toirmisgte
(no parking)
R
Cha tig, mo thruaighe.
No, alas.
6

7 Cuin a thig sinn don mhullach?
When will we come to the top?
Sasannach
(Englishman)
Uair a thìde fhathast.
Another hour.
am mullach
58

Cha tig iad an seo a-rithist.
They won't come here again.
Cha tèid mi don taigh-sheinnse a-nochd.
I won't go to the pub tonight.
8

THE FUTURE TENSE

Add **-idh** *to the verb,* **-aidh** *if the verb ends with a broad consonant.*

In the negative and in questions, take this ending away again:

Tog—lift
togaidh mi—I will lift
an tog mi—will I lift?

cuir—put
cuiridh mi—I will put
cha chuir mi—I will not put

ceannaich—buy
ceannaichidh mi—I will buy
cha cheannaich mi—I will not buy

falbh—go away
falbhaidh mi—I will go away
am falbh mi?—will I go away?
falbhaidh—yes

The following are irregular:

thèid mi—I will go
cha tèid i—she won't go
thig mi—I will come
chì mi—I will see
chan fhaic mi—I won't see
am faic thu?—will you see?

air an dùthaich—in the country
caora—sheep *(singular)*
caoraich—sheep *(plural)*
a-màireach—tomorrow
fuirich mionaid—wait a minute
mullach—top/peak
uair a thìde—an hour('s time)

còmhla rium—(along) with me
còmhla riut—with you
còmhla ris—with him
còmhla rithe—with her
còmhla ruinn—with us
còmhla ruibh—with you (pl)
còmhla riutha—with them

CLEACHDADH

Thig mi còmhla riut a-nise .....
Chì mi a-màireach thu.....
.....
Thèid mi air a' bhus.....
.....
Thig i a-màireach.....
Thèid mi don taigh-sheinnse.....
.....

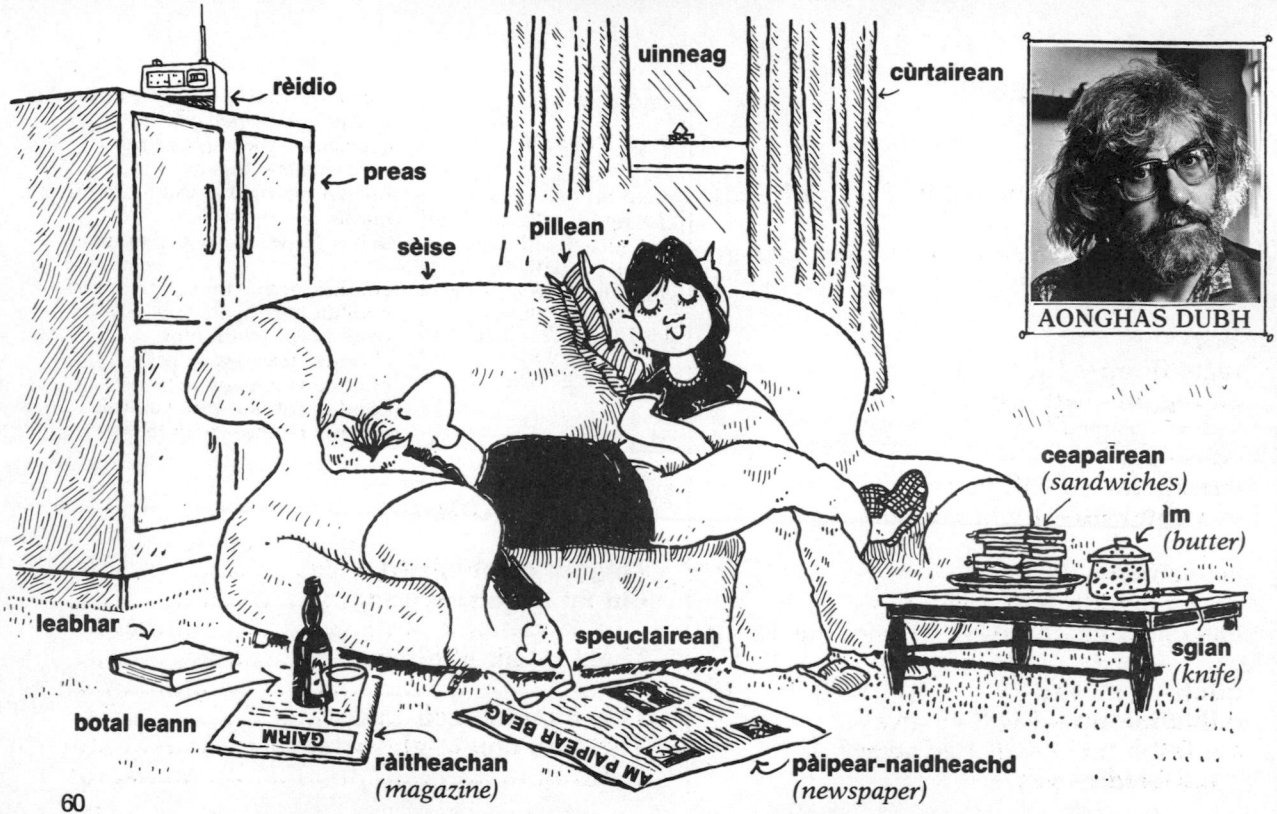
rèidio
preas
uinneag
cùrtairean
pillean
sèise
AONGHAS DUBH
ceapaīrean
(sandwiches)
ìm
(butter)
leabhar
speuclairean
sgian
(knife)
botal leann
GAIRM
AM PAIPEAR BEAG
ràitheachan
(magazine)
pàipear-naidheachd
(newspaper)

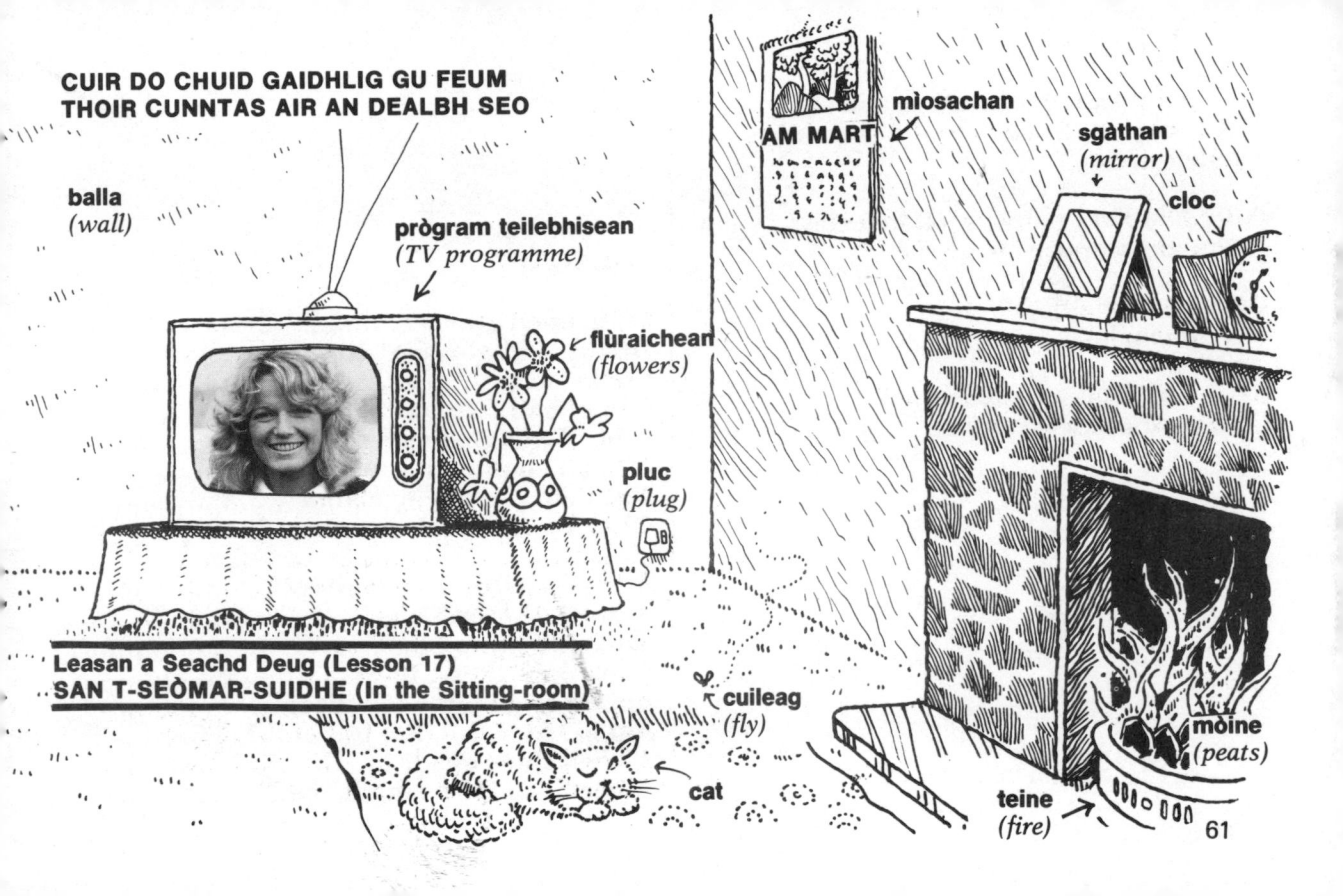
CUIR DO CHUID GAIDHLIG GU FEUM
THOIR CUNNTAS AIR AN DEALBH SEO
balla
(wall)
pròg̀ram teilebhisean
(TV programme)
flùraichean
(flowers)
pluc
(plug)
Leasan a Seachd Deug (Lesson 17)
SAN T-SEÒMAR-SUIDHE (In the Sitting-room)
cuileag
(fly)
cat
AM MART
mìosachan
sgàthan
(mirror)
cloc
mòine
(peats)
teine
(fire)

Cò tha air an teilebhisean a-nochd?
'S i Angela NicEachainn a tha air an teilebhisean.

Càite bheil am pàipear-naidheachd?
Tha am pàipear air an làr.

Dè tha sa' phàipear?
Naidheachd!

Dè tha a' chlann a' dèanamh?
Tha iad san leabaidh.

FREAGAIR

Càite bheil an cat? .....
Dè tha a' chaileag a' dèanamh air an t-sèise? .....
Càite bheil "Gairm"? .....
A bheil mòine air an teine? .....
A bheil cupan air a' bhòrd? .....
Nach eil a' chaileag àlainn? .....
Càite bheil dealbh Aonghais Duibh? .....
.....
A bheil an duine air mhisg? .....
A bheil dà làimh aige? .....
An do dh'ith iad fhathast? .....
A bheil an cat ag ithe? .....
Am bu toigh leis a' chuileag? .....
Am bi iad a' dol don leabaidh? .....
A bheil fhios agad? .....
A bheil Gàidhlig mhath agad? .....

GRAMAR

Grammar

Aireamhan

Numbers

For the small numbers see page 20

	COUNTING THINGS	COUNTING PEOPLE
11. a h-aon deug		
12. a dhà dheug		
13. a trì deug		
14. a ceithir deug		
15. a còig deug		
16. a sia deug	**aon phinnt deug**	**aon duine**
17. a seachd deug	**dà phinnt deug**	**dithis**
18. a h-ochd deug	**trì pinnt deug**	**triùir**
19. a naoi deug	**ceithir pinnt deug**	**ceathrar**
20. fichead	**còig pinnt deug**	**còignear**
30. deich air fhichead	**sia pinnt deug**	**sianar**
40. dà fhichead	**seachd pinnt deug**	**seachdnar**
50. leth-cheud	**ochd pinnt deug**	**ochdnar**
60. trì fichead	**naoi pinnt deug**	**naoinear**
70. trì fichead 's a deich	**fichead pinnt**	**deichnear**
80. ceithir fichead	**ceud pinnt**	**aon duine deug**
90. ceithir fichead 's a deich	**millean pinnt**	**dà fhear dheug**
100. ceud		
1,000. mile		
1,000,000. millean		

£25—còig not air fhichead

An Uair The Time

It is one o'clock—**tha e uair**
two o'clock—**tha e dà uair**
three o'clock—**tha e trì uairean**
four o'clock—**tha e ceithir uairean**
five o'clock—**tha e còig uairean**
six o'clock—**sia uairean**
seven o'clock—**seachd uairean**
eight o'clock—**ochd uairean**
nine o'clock—**naoi uairean**
ten o'clock—**deich uairean**
eleven o'clock—**aon uair deug**
twelve o'clock—**dà uair dheug**

Other useful words

mionaid—minute
meadhan-latha—midday
meadhan-oidhche—midnight
sa' mhadainn—in the morning
san oidhche—at night
feasgar—(in the) afternoon
gu—to
an dèidh—after/past
leth-uair—half an hour
cairteal—quarter

2.30—tha e leth-uair an dèidh a dhà
3.15—tha e cairteal an dèidh a trì
7.45—tha e cairteal gu a h-ochd
5.05—tha e còig mionaidean an dèidh a còig

aig sia uairean—at six o'clock
aig deich mionaidean an dèidh a seachd
—at 7.10
dè an uair a tha e?—what's the time?

Ceistean

Questions

WHERE IS/ARE **Càite bheil:**
càite bheil mi a-nise?—where am I now?

WHERE WAS/WERE **Càite robh:**
càite robh thu an-dè?—where were you yesterday?

HOW **Ciamar (a):**
ciamar a rinn thu sin?—how did you do that?
ciamar a tha thu—how are you?

WHAT **Dè:**
dè tha sin?—what's that?
dè an t-ainm a tha ort?—what's your name?

WHEN **Cuin (a):**
cuin a thòisich thu?—when did you start?

HOW MUCH *(money)* **Dè na:**
dè na tha seo?—how much is this?

HOW MUCH/HOW MANY **Cia mheud:**
cia mheud a tha agad?—how much have you got?
cia mheud duine a tha an seo?—how many people are here?

WHY **Carson:**
carson a tha sinn a' fuireach?—why are we waiting?

Buadhairean agus Co-Ghnìomhairean

Adjectives and Adverbs

Put the adjective *after* the noun:

càr brèagha—a fine car

After a feminine noun, lenite an adjective:

caileag bhòidheach—a beautiful girl

After a plural noun, add -a to an adjective of only one syllable, but leave others alone:

oraindsearan mòra—big oranges
caileagan bòidheach—beautiful girls

Make an adverb by putting "gu" in front of the adjective:

càr luath—a fast car *(adjective)*
ruith e gu luath—he ran quickly *(adverb)*

Sèimheachadh

Lenition

One of the most confusing things for learners of Gaelic is the way the *beginnings* of words change by the process called LENITION. This involves putting an "h" after the consonant and thus changing its sound: see page 8 for the details of pronunciation.

The rules for *when* a word should be lenited are complicated, and riddled with exceptions. The best you can do is to learn these few basic rules and hope to pick up the rest. You will usually be understood even if you get the grammar wrong.

RULES FOR LENITION

A. Verbs

a. past tense
thòisich mi—I began/started

b. after *cha* in the future
cha cheannaich mi—I won't buy

B. Nouns

a. after *mo* (my), *do* (your), *a* (his):
mo thaigh—my house
do chas—your foot
a bhrògan—his shoes

b. feminine nouns after the article *a'*:
a' chailleag—the girl

c. masculine nouns in genitive after article *a'*:
pòcaid a' chòta—the pocket of the coat

d. nouns in the genitive plural, without the article:
bocsa bhrògan—a box of shoes

e. after numbers *aon* and *dà* (1 and 2):
aon bhoireannach—one woman
dà bhradan—two salmon
and after *ciad*, "first":
a' chiad mhadainn—the first morning

f. after prepositions followed by the article:
don bhùth—to the shop
air a' bhòrd—on the table
and after *do*, "to", and *de*, "from", without the article:
thoir do Sheumas e—give it to Seumas
fiach not de pheatroil—a pound's worth of petrol

g. after *a* when addressing someone

C. Adjectives after feminine nouns:
cuileag bhòidheach—a beautiful fly

Gnìomhairean

The basic simplest form of a verb is used for its IMPERATIVE form, that is, for giving orders:

tog e—lift it
tòisich a-nise—start now

Each verb also has a VERBAL NOUN, formed most often by adding an ending to the Imperative form (see page 70). For the verbal noun *dèanamh*, for instance, the English equivalent may be either "to do" or "doing".

THE PRESENT TENSE

The verb "to be" has a simple present tense, *tha*, "is", but otherwise the present tense in Gaelic is *habitual*. It is formed, as described on page 56, with the *future* form of the verb "to be", followed by *ag* or *a'*, followed by the verbal noun:

bidh sinn ag ionnsachadh Gàidhlig—
we learn Gaelic

cha bhi mòran uisge ann—
it doesn't rain much

THE PAST TENSE

The Past Tense is formed by leniting the Imperative form:

tòisich—start
thòisich mi—I started

Verbs beginning with a vowel or *f* have *dh'* prefixed:

ith—eat; **fuirich**—wait
dh'ith mi—I ate; **dh'fhuirich mi**—I waited

THE FUTURE TENSE

Add *-idh* or *-aidh* (depending on whether the verb ends in a broad consonant or a slender one) to the Imperative form:

tog—lift
togaidh mi—I will lift

ceannaich—buy
ceannaichidh sinn—we will buy

NEGATIVES and QUESTIONS

cha (chan before vowels) is the NEGATIVE particle.
an is used before the verb to introduce a QUESTION.
nach is used before the verb to introduce a NEGATIVE QUESTION *(e.g.* "is he not big?")

In the PAST TENSE, these three Particles must be followed by "do" before the verb:

thog mi a-mach e—I lifted it out
cha do thog mi a-mach e—I didn't lift it out

rinn iad e—they did it
nach do rinn iad e?—did they not do it?

an do dh'ith thu e?—did you eat it?
YES—**dh'ith**
NO—**cha do dh'ith**

In the Future Tense the three Particles are followed by the Imperative (basic) form of the verb (in other words, the Future ending *-idh/-aidh* is removed after them):

ceannaich e—buy it
an ceannaich thu e?—will you buy it?
ceannaichidh mi e—I will buy it

togaidh Iain e—Iain will lift it
cha tog mise e—I won't lift it

YES and NO

There are no words corresponding to "Yes" and "No". You answer with the same verb as in the question, in the same tense:

An tàinig thu Diluain?—Did you come on Monday?
YES—**thàinig**
NO—**cha tàinig**

A bheil thu tinn?—Are you sick?
YES—**tha**
NO—**chan eil**

An t-Ainmear Briathair

The Verbal Noun

Verbal Nouns are made in all sorts of different ways, and there seem to be no rules at all! You'll just have to pick them up as you go along.

You will notice that many are formed by adding *-(e)adh;* that *-ich* verbs often have *-eachadh* verbal nouns; that some verbs don't change at all. But you can't be sure—there aren't any rules.

This list gives some of the most important verbal nouns:

abair(say)	**ag ràdh** (saying)
bris (break)	**a' briseadh**
buail (strike)	**a' bualadh**
caoin (weep)	**a' caoineadh**
ceannaich (buy)	**a' ceannach**
cluich (play)	**a' cluich**
crìochnaich (finish)	**a' crìochnachadh**
cuimhnich (remember)	**a' cuimhneachadh**
cuir (put)	**a' cur**
dèan (do)	**a' dèanamh**
dùin (close)	**a' dùnadh**
èirich (rise)	**ag èirigh**
fàg (leave)	**a' fàgail**
faighnich (enquire)	**a' faighneachd**
falbh (go away)	**a' falbh**
fàs (grow)	**a' fàs**
fosgail (open)	**a' fosgladh**
fuirich (wait)	**a' fuireach**
gabh (take)	**a' gabhail**
geàrr (cut)	**a' gearradh**
iarr (request)	**ag iarraidh**
innis (tell)	**ag innse**
ionnsaich (learn)	**ag ionnsachadh**
ith (eat)	**ag ithe**
leugh (read)	**a' leughadh**
mol (praise)	**a' moladh**
nigh (wash)	**a' nighe**
òl (drink)	**ag òl**
reic (sell)	**a' reic**
ruith (run)	**a' ruith**
seinn (sing)	**a' seinn**
sgrìobh (write)	**a' sgrìobhadh**
smaoinich (think)	**a' smaoineachadh**
thèid (go)	**a' dol**
thig (come)	**a' tighinn**
tog (lift)	**a' togail**
toir (give)	**a' toirt**
tòisich (start)	**a' tòiseachadh**
tuit (fall)	**a' tuiteam**

REGULAR VERBS	Fàg "leave"	Cuir "put"	Ceannaich "buy"
IMPERATIVE	**fàg**	**cuir**	**ceannaich**
VERBAL NOUN	**fàgail**	**cur**	**ceannach**
PRESENT Habitual	**bidh mi a' fàgail**	**bidh mi a' cur**	**bidh mi a' ceannach**
FUTURE Independent	**fàgaidh**	**cuiridh**	**ceannaichidh**
FUTURE Dependent (on *cha, an, nach)*	**chan fhàg, am fàg, nach fhàg**	**cha chuir, an cuir, nach cuir**	**cha cheannaich, an ceannaich, nach ceannaich**
PAST Independent	**dh'fhàg**	**chuir**	**cheannaich**
PAST Dependent	**cha do dh'fhàg**	**cha do chuir**	**cha do cheannaich**

IRREGULAR VERBS

IMPERATIVE	FUTURE Independent	FUTURE Dependent	PAST Independent	PAST Dependent	VERBAL NOUN
thèid (go)	**thèid**	**tèid**	**chaidh**	**deachaidh**	**dol**
thig (come)	**thig**	**tig**	**thàinig**	**tàinig**	**tighinn**
dèan (do)	**nì**	**dèan**	**rinn**	**do rinn**	**dèanamh**
thoir (give)	**bheir**	**toir**	**thug**	**tug**	**toirt**
faigh (get)	**gheibh**	**faigh**	**fhuair**	**d'fhuair**	**faighinn**
faic (see)	**chì**	**faic**	**chunnaic**	**faca**	**faicinn**
cluinn (hear)	**cluinn**	**cluinn**	**chuala**	**cuala**	**cluinntinn**
abair (say)	**their**	**abair**	**thubhairt**	**tubhairt**	**ràdh**
beir (grab)	**beir**	**beir**	**rug**	**do rug**	**breith**
bi (be)	**bidh/ bithidh**	**bi**	**bha**	**robh**	**bhith**

The verb to be *also has a present tense:*
independent form: **tha**
dependent forms: **a bheil?, chan eil, nach eil**

THE GENITIVE

This is a special form of the noun meaning "of the", *e.g.*

deoch—drink
doras—door
deoch an dorais—parting drink (*lit.* "drink of the door")

No matter how long you study Gaelic the genitive will give you trouble. At this stage just aim to pick it up as you go along.

You have already met some genitives in this book:

taigh—house
fear an taighe—landlord ("man of the house")

Post—Post
Oifis a' Phuist—Post Office ("Office of the Post")
Genitives are formed in several different ways. In some nouns the final consonant is made slender, in some an **-e** or an **-a** is added, and in some there is no change.

THE ARTICLE WITH THE GENITIVE

When there are two nouns with the second in the genitive (*e.g.* "the top of the hill"), the first noun NEVER has an article in Gaelic.

With masculine nouns in the genitive use *a'* and lenite the noun:

airgead—money
mo chuid airgid—my money (*lit.* "my share of money")

baile-mòr—town
sluagh a' bhaile-mhòir—the people of the town

bòrd—table
cas a' bhùird—the leg of the table

caolas—narrows
baile a' chaolais—the town of the narrows

cladach—shore
feamainn a' chladaich—the seaweed of the shore

With feminine nouns use *na:*

bliadhna—year
toiseach na bliadhna—the beginning of the year

cearc—hen
uighean na circe— the hen's eggs

Some Plurals

As with Verbal Nouns, Plurals of nouns may be formed in various ways, and there are no simple rules. Here are some important plurals to learn:

achadh (field)	**achaidhean**
àite (place)	**àiteachan**
balach (boy)	**balaich**
bàta (boat)	**bàtaichean**
beinn (mountain)	**beanntan**
boireannach(woman)	**boireannaich**
bòrd (table)	**bùird**
bùth (shop)	**bùithtean**
caileag (girl)	**caileagan**
càr (car)	**càraichean**
caraid (friend)	**càirdean**
cas (foot)	**casan**
ceann (head)	**cinn**
duine (man)	**daoine**
làmh (hand)	**làmhan**
latha (day)	**lathaichean**
oidhche (night)	**oidhcheannan**
rud (thing)	**rudan**
sgillinn (penny)	**sgillinnean**
spàin (spoon)	**spàinean**
uair (hour)	**uairean**

THE ARTICLE

Basically the singular article is *an:*
an ceann—the head

When the following noun is lenited, however, the article is *a'* (lenition occurs with the article when the noun is feminine and when the article is preceded by a preposition):
a' chaileag—the girl
air a' bhòrd—on the table

But there is no lenition (and *an* remains) when the noun begins with *t* or *d:*
aig an doras—at the door

When a (masculine) noun begins with *b, f, m,* or *p* the article is *am:*
am bus—the bus
am feur—the grass

The article is *na* in the genitive of feminine nouns (see page 73) and in plurals:
na geataichean—the gates

In the genitive plural the form is *nan:*
achadh nan cat—the field of the cats

And this changes to *nam* before *b, f, m, p:*
mullaichean nam beann—the tops of the mountains

Prepositions

In Gaelic simple prepositions combine with pronouns to make single words:
air (on) + **mi** (me) = **orm**

	air (on)	**le** (with)	**aig** (at)	**do** (to/for)
me	**orm**	**leam**	**agam**	**dhomh**
you	**ort**	**leat**	**agad**	**dhut**
him/it	**air**	**leis**	**aige**	**dha**
her/it	**oirre**	**leatha**	**aice**	**dhi**
us	**oirnn**	**leinn**	**againn**	**dhuinn**
you (pl)	**oirbh**	**leibh**	**agaibh**	**dhuibh**
them	**orra**	**leotha**	**aca**	**dhaibh**

SOME IDIOMS WITH PREPOSITIONS

1. **Is toigh le**—*like*
   Is toigh leam tì—I like tea

2. **Is fheàrr le**—*prefer*
   Is fheàrr leam cofaidh—I prefer coffee

3. **Is urrainn do**—*can*
   Is urrainn dhomh ruith—I can run

4. **Tha. . . aig**—*have*
   Tha airgead agam—I have money

5. **Tha fhios agam**—I know

6. **Tha eagal orm**—I'm afraid
   Tha cabhag orm—I'm in a hurry

7. **Tha an t-acras orm**—I'm hungry
   Tha an cnatan orm—I have a cold

8. **Thoir do**—give (to)
   Thoir dhomh an leabhar sin—give me that book

FACLAIR
Gàidhlig~Beurla

f.—feminine noun

Numbers refer to pages

A

a—*prefix used in counting* 20
a—his 67
a'—*form of* **an,** "the" 73
a'—*form of* **aig,** "at" 56
abair—say 72
ach—but 33
achadh—field 74
acras—hunger 75
ad—hat 15
ag—*form of* **aig** *with verbal nouns* 56
aig—at 75
agus—and 20
a h-uile—every 51
aimsir *f.*—weather 17
ainm—name 66
ainmear—noun 70
air—on 75
  air cùl—behind 34
àireamh—number 20
airgead—money 73
air son—for 47
àite—place 50
àlainn—gorgeous, beautiful 47
ann an—in *(preposition)* 47
am—*form of* **an,** "the" 74
àm—time 47
  ann an àm—in time 47
a-mach—out(wards) 14
amadan—fool 41
a-màireach—tomorrow 59
a-muigh—outside 34
an—the 74
an-dè—yesterday 66
an dèidh—after 65
an-dràsda—just now 17
a-nise—now 17
a-nochd—tonight 26
an seo—here 26
aodach—clothes 44
aon—one 20
  aon neach—one person 26
aran—bread 31
a-rithist—again 5
às—from 29
a-staigh—in *(adverb)* 14
ath—next 47

B

baile—town 73
  baile-mòr—town 27
bainne—milk 31
balach—boy 74
balgair—beast 13
balla—wall 61
banana—banana 30
bàr—bar 49
bàta—boat 74
beag—small 47
beagan—a few 32
beinn *f.*—mountain 57
beir (air)—grab 72
beul—mouth 42
Beurla *f.*—English (language) 77
bheil, bhith, bi, bidh, bithidh—*forms of* **tha,** "is"
sam bith—any 32
bliadhna *f.*—year 56
blabhs—blouse 42
bò *f.*—cow 57
bobhla—bowl 40
bocsa—box 32
bòidheach—beautiful 19
boireannach—woman 32
bòrd—table 73
bòtainn—boot 42
botal—bottle 60
brà—bra 42
bracaist *f.*—breakfast 39
bradan—salmon 30
brèagha—fine 23
breith—grabbing 72
briathar—verb 70
briogais *f.*—trousers 42
bris—break 70
bròg *f.*—shoe 42
broilleach—breast 42
brusgar—rubbish 36
bu—*past tense of* **is,** "is" 26
buail—strike 70
bùidsear—butcher 34
buntàta—potato(es) 31
bus—bus 27
bùth *f.*—shop 30

C

cabhag *f.*—haste 75
cabhsair—pavement 27
càil—anything/nothing 41
caileag *f.*—girl 20
càirdean—friends 74
cairt-bìdh—menu 40
cairteal—quarter 65
càise—cheese 30
càite—where 66
càl—cabbage 30
can—say 52
canastair—can, tin 32
caoineadh—weeping 70
caolas—narrows, strait 73
caora, *pl.* **caoraich** *f.*—sheep 59
càr—car 21
caraid—friend 74
carson—why 66
cas *f.*—foot/leg 42
cat—cat 61
cathair *f.*—chair 18
ceann—head 42
ceapaire—sandwich 60
cearc *f.*—hen 73
ceàrr—wrong 47
ceart—right 29
  ceart gu leòr—alright 29
ceathrar—four people 64
cèic *f.*—cake 41
cèilidh—a *cèilidh* 48
ceithir—four 20
ceò—smoke 19
ceud—a hundred 64
ceum—path 36
cha, chan—not 69
chaidh—went 72
chì—will see 72
chuala—heard 72
chunnaic—saw 72
ciall *f.*—sense 43
cia mheud—how much 66
cladach—shore 73
clann *f.*—children 62
cleachdadh—practice 14
clì—left (hand) 34
cloc—clock 61
cluas *f.*—ear 42
cluich—play 70

cluinn—hear 72
cnatan—a cold 75
cò—who 62
  co às—where from 29
cofaidh—coffee 41
cofhurtail—comfortable 20
còig—five 20
coille *f.*—a wood 57
coiseachd—walking 33
coma: is coma—it doesn't matter 50
    tha mi coma—I don't care 50
còmhla ri—along with 59
an còmhnaidh—always 56
corp—body 42
còta—coat 67
  còta-bàn—petticoat 42
  còta mòr—overcoat 42
craobh *f.*—tree 36
crìochnaich—finish 70
cù—dog 13
cuibhle *f.*—wheel 21
cuid *f.*—share 73
cuideachd—also 23
cuileag *f.*—fly 61
cuimhnich—remember 70
cuin—when 66
cuir—put 71
air cùl—behind 34
cunntas—an account 61
cupan—cup 35
cur—putting 71
curran—carrot 31
cùrtairean—curtains 25
cus—too much 53

D

dà—two 20
  dà fhichead—forty 64
dannsa—a dance/dancing 50
daoine—people 74
daor—dear, expensive 20
de—of/from 21
dè—what 66
  dè na—how much 66
dealbh—picture 39
dèanamh—doing 72
dearbh—certain 15
  gu dearbh—indeed 15
deich—ten 20
an dèidh—after 65
deireadh—end 29
deis: air do làimh dheis—on your right 34
deise—a suit 27
deiseil—ready 41
deoch *f.*—a drink 50
deug—-teen 64
dhachaigh—home(wards) 38
diathad—dinner 41
Diluain—Monday 69
dithis—two people 64
do—your 67
do—*particle in the past tense of verbs* 53
do—to/for 75
  don—to the 29
dol—going 72
dona—bad 14
doras—door 73
an-dràsda—just now 17
drathars—underpants 42
dubh—black 60
dùin—close *(verb)* 70
duine—man 74
dùnadh—closing 70
dùthaich *f.*—country 59

E

e—he/it 17
eagal—fear 75
eagalach—terrible 17
eaglais *f.*—church 33
(chan) eil—is (not) 72
eile—other 20
èirich—rise 70
eun—bird 36

F

faclair—vocabulary 77
factoraidh—factory 38
fadalach—late 26
fàg—leave 70
faic—see 72
faigh—get 72
faighnich—enquire 70
fàilte *f.*—welcome 12
falbh—go away 59

falt—hair 42
fàs—grow 70
fealla-dhà—merrymaking 51
feamainn *f.*—seaweed 73
fear—man
  . . . am fear—each 32
  fear an taighe—landlord 73
feàrr—better 75
feasgar—afternoon/evening 65
feitheamh—waiting 45
feum—use *(noun)* 61
feur—grass 74
feusag *f.*—beard 42
fhathast—yet/still 38
fhèin—self 12
fhuair—got 72
fiach—worth/value 23
fiaclan—teeth 42
fichead—twenty 64
fios: tha fhios agam—I know 75
fireann—male 19
flùr—a flower 61
forc—a fork 40
fortanach—lucky 38
fosgail—open *(verb)* 70
freagair—answer *(verb)* 32
froca—frock 42
fuar—cold 17
fuirich—wait 70
  fuireach—waiting 70

G

gabh—take 70
  gabh mo leisgeul—excuse me 35
Gàidhlig *f.*—Gaelic 5
gainmheach *f.*—sand 16
gàirdean—arm 42
gal—crying 56
galan—gallon 23
gaol—love 53
gealach *f.*—moon 52
geàrr—cut 70
geata—gate 57
gheibh—get 72
glainne *f.*—glass 18
glè—very 20
gnìomhair—verb 68
gràmar—grammar 63
grian *f.*—sun 15
gu—to 65
gu—*adverbial particle* 66
  gu leòr—enough 50

I

i—she 50
iad—they 26
iarmailt *f.*—space 34
iarr—request *(verb)* 70
ìm—butter 30
innis—tell 70
iomlaid *f.*—change *(money)* 23
ionnsaich—learn 70
is—is 75
ise—she *(emphatic)* 58
ist: nach ist thu!—be quiet! 52
ith—eat 70

L

làmh *f.*—hand 42
làmpa—lamp 52
làn—full 50
làr—floor 19
latha—day 14
le—with 75
leabaidh *f.*—bed 26
leabhar—book 52
leabhar-lann *f.*—library 35
leann—beer 20
leasan—lesson 12
lèine *f.*—shirt 42
leisgeul— an excuse 35
leisgire—lazybones 54
leòr: gu leòr—enough 50
  ceart gu leòr—alright 29
leth-cheud—fifty 64
leth-uair—half an hour 65
leugh—read 70
litir *f.*—letter 47
loch—loch 57
lof—loaf 32
luath—fast 66

M

madainn *f.*—morning 65
màileid *f.*—suitcase 22
manaidsear—manager 25
mar seo—like this 56
am Màrt—March 61
ma: mas e do thoil e—please 20
  ma tha—then, if so 49
math—good 14
  gu math—well 14
meadhan—middle 65
mìle—thousand 64
millean—million 64
mionaid *f.*—minute 65
mìosachan—calendar 61
mise—me *(emphatic)* 47
misg: air mhisg—drunk 20
misgear—drunkard 43
mo—my 67
mòine *f.*—peat(s) 61
mol—praise 70
mòr—big 44
mòran—a lot 20
muc *f.*—pig 19
mu dheireadh thall—at long last 29
muir—sea 16
mullach—top/peak 59

N

na, nam, nan—*forms of* **an,** "the" 74
naidheachd *f.*—news 62
naoi—nine 20
naoinear—nine people 64
naomh—saint 52
neach—a person 26
neapaigear—handkerchief 15
nì—do 72
nigh—wash 70
not—a pound (money) 20

O

o—from 26
obair *f.*—work(ing) 38
ochd—eight 20
ochdnar—eight people 64
oidhche *f.*—night 65
oifis *f.*—office 45
  Oifis a' Phuist—Post Office 73
oisein *f.*—corner 35
òl—drink *(verb)* 70
oraindsear—an orange 31
òsda: taigh-òsda—hotel 26

P

pàipear—paper 62
parcadh—parking 58
pàrtaidh—party 53
peann—pen 44
peasair *f.*—peas 31
peatroil—petrol 23
pillean—cushion 60
pinnt—pint 20
pìob *f.*—pipe 19
piobar—pepper 40
plaide *f.*—blanket 25
pluc—a plug 61
poca—bag 32
pòcaid *f.*—pocket 42
pòg *f.*—a kiss 50
pògadh—kissing 50
poileas—policeman 22
post—post 73
preas—a press 60
pròg̣ram—a programme 61
pùnnd—a pound (weight) 32

R

ràdh—saying 72
ràitheachan—magazine 60
rathad—road 27
reic—sell 70
rèidio—radio 60
reithe—a ram 57
ri—to/with 59
rinn—did 72
robh—was 72
rud—thing
  rud sam bith—anything 32
rug—grabbed 72
ruith—run 70

S

's—*form of* **agus,** "and" 64
sa', san—in the 20
sabaid *f.*—fight 56
sabhs—sauce 39
sam bith—any 32
salach—dirty 30
salann—salt 40
saor—cheap 20
Sasannach—Englishman 58
'se, 'si—it is 62
seacaid *f.*—jacket 42
seachd—seven 20
seachdnar—seven people 64
seachdain *f.*—week 38
seadh—yes 29
seall—look 50
sèimheachadh—lenition 67
seinn—sing 70
sèise—settee 60
seo—this 47
  seo dhut—here you are 23
seòmar-suidhe—sitting-room 61
sgàthan—mirror 61
sgeilp *f.*—shelf 52
sgian *f.*—knife 40
sgillinn *f.*—penny 29
sgiort—skirt 42
sgòrnan—throat 42
sgòthach—cloudy 16
sgrìobh—write 70
sia—six 20
siabann—soap 30
sianar—six people 64
sibh—you *(plural)* 26
silidh—jam 30
sin—that 47
sinn—we 26
sìth *f.*—peace 31
siùcar—sugar 31
siuga *f.*—jug 40
slàn leat—good-bye 14
sluagh—people 73
smaoinich—think 70
snog—nice 19
spàin *f.*—spoon 40
speuclairean—spectacles 42
sràid *f.*—street 58
sròn *f.*—nose 42
stampa—stamp 47
stocainn *f.*—sock 42
stòl—stool 18
suidheachan—a seat 36
sùil *f.*—eye 42

T

taidhe—a tie 42
taigh—house 73
  taigh-beag—toilet 35
taing: taing do Shealbh—thank God 55
tapadh leat—thank you 14
teine—fire 20
teth—hot 17
tha—is 72
thàinig—came 72
thalla—get away 14
ticeard—ticket 29
tìde—time 59
timcheall—round 35
tinn—sick 69
toigh: is toigh leam—I like 41
tost—toast 41
toilichte—pleased 50
toirmisgte—prohibited 58
toitean—cigarette 18
tòisich—start 70
tràigh *f.*—beach 56
tràth—early 26
triùir—three people 64
tuathanach—farmer 57
tuilleadh—(any) more 50
tuit—fall 70

U

uabhasach—awful 19
uair—hour 65
ubhall *(pl.* **ùbhlan)**—apple 32
ugh—egg 32
uile—all 53
uinneag *f.*—window 53
uisge—water/rain 56
urrainn: is urrainn dhomh—I can 75

FACLAIR
Beurla~Gàidhlig

A

after—an dèidh
afternoon—feasgar
again—a-rithist
all—uile
alright—ceart gu leòr
also—cuideachd
always—an còmhnaidh
and—agus
another—eile
any—sam bith
anything—càil, rud sam bith
apple—ubhall
arm—gàirdean
ask (a question)—faighnich
ask (request)—iarr
at—aig
awful—uabhasach

B

bad—dona
bag—poca
banana—banana
bar—bàr
beach—tràigh
beard—feusag
beast—balgair
beautiful—bòidheach
bed—leabaidh
beer—leann
begin—tòisich
beginning *(noun)*—toiseach
behind—air cùl
belly—brù
big—mòr
bird—eun
black—dubh
blanket—plaide
blouse—blabhs
body—corp
book—leabhar
boot—bòtainn
bottle—botal
bowl—bobhla
box—bocsa
bra—bra
bread—aran
breakfast—bracaist
breast—broilleach
bus—bus
but—ach
butcher—bùidsear
butter—ìm
buy—ceannaich

C

cabbage—càl
cake—cèic
calendar—mìosachan
a can—canastair
can (is able to)—is urrainn do
car—càr
care: I don't care—tha mi coma
carrot—curran
cat—cat
certain—dearbh
chair—cathair
change *(money)*—iomlaid

chauvinist—seòbhaineach
cheap—saor
cheese—càise
children—clann
church—eaglais
cigarette—toitean
cinema—taigh-dhealbh
clock—cloc
close *(verb)*—dùin
clothes—aodach
cloudy—sgòthach
coat—còta
coffee—cofaidh
come—thig
coming—tighinn
comfortable—cofhurtail
corner—oisein
correct—ceart
country—dùthaich
cow—bò
crying—gal
cup—cupan
curtains—cùrtairean
cushion—pillean

D

dance—dannsa
dear (expensive)—daor
dinner—diathad
dirty—salach
do—dèan
dog—cù
door—doras
dress—froca
drink *(verb)*—òl
a drink—deoch
drunk—air mhisg
drunkard—misgear

E

each—. . . an duine *(of people)*
. . . am fear *(of things)*
ear—cluas
early—tràth
eat—ith
egg—ugh
eight—ochd
end—deireadh
English (language)—Beurla
Englishman—Sasannach
enough—gu leòr
evening—feasgar
every—a h-uile
excuse me—gabh mo leisgeul
eye—sùil

F

factory—factoraidh
fall—tuit
farmer—tuathanach
a few—beagan
field—achadh
fifty—leth-cheud
fight—sabaid
fine—brèagha
finish—crìochnaich
fire—teine
five—còig
floor—làr
flower—flùr
fly—cuileag
fool—amadan
foot—cas
for—do, air son
fork—forc
forty—dà fhichead
four—ceithir
free—saor
friend—caraid
frock—froca
from—o
full—làn

G

gate—geata
get—faigh
get away—thalla
girl—caileag
give—thoir
glass—glainne
glasses—speuclairean

go—thèid
go away—falbh
good—math
  good-day—latha math
  good-night—oidhche mhath
goodbye—slàn leat
gorgeous—àlainn

H

hair—falt
half-hour—leth-uair
hand—làmh
handkerchief—neapaigear
hat—ad
have—tha. . . aig. . .
he—e
head—ceann
here—an seo
  here is. . .—seo. . .
his—a
home(wards)—dhachaigh
hot—teth
hotel—taigh-òsda
hour—uair
house—taigh
how—ciamar
  how much—cia mheud, dè na
hundred—ceud

I

in—ann an
indeed—gu dearbh
inside—a-staigh
in the—sa', san
it—e

J

jacket—seacaid
jam—silidh
jug—siuga
just now—an-dràsda

K

kiss—pòg

L

lamp—làmpa
late—fadalach
lazybones—leisgire
left (hand)—clì
leg—cas
letter—litir
library—leabhar-lann
like: I like—is toigh leam
like/as—mar
little—beag
loaf—lof
loch—loch
a lot—mòran
love—gaol
lucky—fortanach

M

magazine—ràitheachan
make—dèan
male—fireann
man—duine
manager—manaidsear
many—mòran
matter: it doesn't matter—is coma
menu—cairt-bìdh
merriment—fealla-dhà
midnight—meadhan-oidhche
milk—bainne
minute—mionaid
mirror—sgàthan
monster—uilebheist
money—airgead
moon—gealach
more—tuilleadh
morning—madainn
mountain—beinn
mouth—beul
much—mòran
my—mo

my money—mo chuid airgid

N

news—naidheachd
newspaper—pàipear-naidheachd
next (person)—an ath dhuine
nice—snog
night—oidhche
nine—naoi
ninety—ceithir fichead 's a deich
nose—sròn
now—a-nise
  just now—an-dràsda
number—àireamh

O

office—oifis
on—air
one—aon
or—no
orange—oraindsear
other—eile

P

paper—pàipear
pardon me—gabh mo leisgeul
party—pàrtaidh
past *(preposition)*—an dèidh
path—ceum
pavement—cabhsair
peace—sìth
peas—peasair
peat—mòine
people—daoine
pepper—piobar
person—duine
petticoat—còta-bàn
petrol—peatroil
picture—dealbh
pig—muc
pint—pinnt
pipe—pìob
place—àite
plate—truinnsear
please—mas e do thoil e
pleased—toilichte
plug—pluc
pocket—pòcaid
potato(es)—buntàta
portion—cuid
Post Office—Oifis a' Phuist
pound (money)—not
  (weight)—pùnnd
practice—cleachdadh
prefer: I prefer—is fheàrr leam
  I would prefer—b'fheàrr leam
a press—preas
programme—pròg̀ram
pub—taigh-seinnse
put—cuir

Q

quarter—cairteal
question—ceist
quickly—gu luath

R

radio—rèidio
rain—uisge
ram—reithe
ready—deiseil
right/correct—ceart
right (hand)—deis
road—rathad
room—seòmar
round *(preposition)*—timcheall
rubbish—brusgar
run—ruith

S

saint—naomh
salmon—bradan
sand—gainmheach
sandwich—ceapaire
sauce—sabhs
say—can
sea—muir
seat—suidheachan
see—faic

self—fhèin
sell—reic
sense—ciall
settee—sèise
seven—seachd
seventy—trì fichead 's a deich
share—cuid
she—i
sheep—caora, *pl.* caoraich
shelf—sgeilp
shirt—lèine
shoe—bròg
shop—bùth
sidewalk—cabhsair
sitting-room—seòmar-suidhe
six—sia
sixty—trì fichead
skirt—sgiort
small—beag
smoke—ceò
soap—siabann
sock—stocainn
soup—brot
space—iarmailt
spectacles—speuclairean
spoon—spàin
stamp—stampa
start *(verb)*—tòisich
stay—fuirich
stool—stòl
street—sràid
sugar—siùcar
suit—deise
suitcase—màileid
sun—grian
sure—dearbh

T

table—bòrd
tea—tì
teeth—fiaclan
telephone—teilefon
television—teilebhisean
ten—deich
terrible—eagalach
thank God—taing do Shealbh
thank you—tapadh leat
that—sin
the—an
there—an sin
these—seo
thing—rud
thirty—deich air fhichead
this—seo
those—sin
three—trì
throat—sgòrnan
ticket—ticeard
tie—taidhe
time—uair
a tin—canastair
to—do
toast—tost
toilet—taigh-beag
tomorrow—a-màireach
tonight—a-nochd
too/also—cuideachd
too much—cus
top/peak—mullach
town—baile-mòr
tree—craobh
trousers—briogais
twenty—fichead
two—dà
  two people—dithis

U

underpants—drathars

V

value—fiach
very—glè
village—baile
vodka—vodca

W

wait—fuirich
waiting—fuireach, feitheamh
walking—coiseachd
wall—balla
water—uisge
weather—aimsir

week—seachdain
welcome—fàilte
well—gu math
weep—caoin
what—dè
wheel—cuibhle
when—cuin
where—càite
  where from—co às
whisky—uisge-beatha
who—cò
why—carson
window—uinneag
with—le, còmhla ri
woman—boireannach
worth—fiach
a wood—coille
work—obair
wrong—ceàrr

Y

year—bliadhna
yesterday—an-dè
yet—fhathast
you—thu, *pl.* sibh
your—do
  your money—do chuid airgid

Toirt taic-airgid do Phrograman Gaidhlig

Telefios – Grampian.

Craobh nan Ubhal – The Aipple Tree.

Ainm a' Ghaidheil – Fianais.

Seotal – Media nan Eilean.

As an Eilean – Pelicula.

CTG

COMATAIDH TELEBHISEIN GAIDHLIG

GAELIC TELEVISION COMMITTEE

Machair – STV.

4 Acarsaid Cidhe Sràid Chrombail Steòrnabhagh Eilean Leòdhais PA87 2DF 4 Harbour View Cromwell Street Quay Stornoway Isle of Lewis PA87 2DF

CEUMANNAN GU FILEANTACHD

Develope your Gaelic Language skills with one of the following

Maclennan 's Gaelic - English
English - Gaelic Dictionary
" The most useful of Gaelic dictionaries"
Professor W. Gillies, University of Edinburgh.

Abair
Designed for intermediate and
advanced learners for Gaelic.

Ceud Leasan
This series of lessons for Gaelic Learners.

Siuthad! Ceum 1
Siuthad! Ceum 2 Siuthad! Ceum 3
A new course for Gaelic learners.

Mi Fhìn 's Tu Fhèin
Mi Fhìn 's Mo Shaoghal
Mi Fhìn 's Mo Bheachdan
Ioma - Shruth
Each book reflects a theme and uses
this focus to develope language skills.

FOR MORE DETAILS OF THE FULL RANGE OF GAELIC BOOKS
CONTACT US FOR A FREE CATALOGUE

ACAIR EARRANTA 7 SRAID SHEUMAIS STEORNABHAGH ALBA PA87 2QA
ACAIR LIMITED 7 JAMES STREET STORNOWAY SCOTLAND PA87 2QA
FON/TEL: 0851 703020 FACS/FAX: 0851 703294

COMUNN NA GÀIDHLIG

SIUTHAD!

Siuthad! — Come on!

Now that you have read the book you will know that Gaelic really is fun. So, why not try the new Gaelic course **SIUTHAD!** which progresses the learner from the complete beginner stage to being able to converse competently.

Siuthad! Come on — why not give it a try!

Details of the course available from: *Acair Ltd., 7 James Street, Stornoway, Isle of Lewis, PA87 2QA.*

Comunn Na Gàidhlig

Working for the promotion of the Gaelic language.

For more information contact

5 Mitchell's Lane, Inverness IV2 3HQ

COMUNN NA GÀIDHLIG